뒤집어지는 영어
꼬마사전
안정효

세경

머리말

이 휴대용 사전에는 『뒤집어지는 영어』에 담긴 문장들을 추려서 수록했다. 지하철에서 보내는 아까운 출퇴근 시간 또는 다른 짜투리 시간에 틈틈이 뒤적거리기 좋게끔 자그마하게 꾸몄다.

문장은 본문에 나오는 순서 그대로 실었으며, 그에 대한 번역은 본문과 달라지기도 한다. 본문의 흐름과 연결을 짓지 않고, 독립된 문장으로서 이해하기 좋게끔 때로는 수정해 놓았기 때문이다.

단어풀이도 본문에서 쓰였던 의미보다는 대표성을 지닌 일반적인 개념을 소개했다. 본문에서는 문장의 흐름을 따라 구체적으로 표현해야 하기 때문에 제한된 지면으로 인해서 풀이를 달지 못했던 많은 단어를 여기에 열거했다.

품사는 지면관계상 밝히지 않았다. 우리말 풀이를 보면 그냥 알겠거니 하는 생각에서였다. 그래서 때로는 동사와 명사, 형용사와 부사가 마구 섞여 나오기도 한다. 그리고 문장만 공부해도 충분하다고 여겨질 때는 구태여 단어풀이를 붙이지 않았다.

한 꼭지에는 하나의 문장이나 한 사람이 말한 대사만을 원칙적으로 소개하지만, 앞뒤가 연결되어 하나의 단위를 이룰 때는 예외의 경우로 다루었음을 밝혀둔다.

어떤 문장은 본문에서의 번역과 이 책자에서의 번역 내용이 다르다. 본문에서는 문맥을 살려야 하기 때문에 표현의 변화를 많이 준 반면에, 여기에서는 제시된 문장의 기본적인 이해를 도모했기 때문이다.

뒤집어지는 영어 꼬마사전

초 판 1쇄 | 2007년 9월 20일
지은이 | 안정효
펴낸이 | 이은경
펴낸곳 | 도서출판 세경
주　　소 | 서울특별시 서초구 반포본동 1313 반포프라자 309
전　　화 | 02-596-3596
팩　　스 | 02-596-3597
인　　쇄 · 신화 (031-905-2727)
제　　책 · 쌍용 (031-943-0854)

ISBN 89-92280-15-0　14740
저자와의 협의에 따라 인지는 생략합니다.

비매품

이 책의 모든 권리는 세경에 있습니다.
본 출판사의 동의없이 내용을 복제하거나 전산장치에
저장 · 전파할 수 없습니다.

뒤집어지는 영어
꼬마사전

안정효

001

"He got me invested in some kind of a fruit company."

(나는 소대장의 권고를 받아들여 어느 과일회사에 투자했다.)

got me 나로 하여금 ~하도록 부추겼다.
invest(ed) 투자하다
some kind 무엇인지는 잘 모르겠지만 어떤 ~
fruit 과일/열매/결실/자손/동성애자/얼간이

002

"I am just a corn-fed Kansas boy, but you people are the Big Apple of my eye."

(나는 옥수수를 먹고 자란 캔사스 출신에 지나지 않지만, 만찬에 초대된 여러분은 내가 사랑하는 뉴욕인들입니다.)

corn 곡식/하찮거나 진부한 생각/옥수수 위스키/스키장에 내리는 싸락눈
apple of eye 눈동자/귀여워 죽겠을만큼 소중한 대상/선생이 각별히 편애하는 아이

003

"Now you know Willie don't drink, Tiny. His wife doesn't favor drinking. And Willie's the teacher's pet, ain't you, Willie."
(자네도 알다시피 말야, 타이니, 윌리는 술을 안 마셔. 집사람이 술을 좋게 생각하지 않거든. 윌리는 선생님 말을 잘 듣는 귀여운 학생이잖아, 안 그런가, 윌리.)

don't 3인칭이니까 물론 doesn't가 되어야 하지만, 등장인물의 무식함을 나타내기 위해 이렇게 했음
Tiny '땅꼬마'라는 뜻의 별명(tiny는 아주 작다는 뜻임)
favor 각별히 좋아하다/편들다/두둔하다
  teacher's pet=apple in one's eye
pet 애완동물/아끼는 사람/귀여운 아기/애무

004

"The apples on the other side of the wall are the sweetest."
(남의 떡이 더 커 보인다.)

wall 담/만리장성 따위의 성벽/장애물
sweet(est) 달콤한/몸가짐 따위가 착한/사탕/고구마/충치를 일으키는 단 것

005

"No, I will not hide in the fruit cellar! You think I am fruity, ha?"
(싫어. 난 과일 창고에 숨지 않겠어. 넌 내가 돌았다고 생각한다 이거지?)

fruity 미친/아슬아슬하고 흥미진진한/과일이 많이 달리는/동성애를 하는
cellar 지하실/포도주 창고/운동경기에서 꼴찌
ha? 무슨 수작이냐?

006

"They said it was a million-dollar wound, but the army must have kept that money because I still haven't seen a nickel out of that million dollars."
(그들은 그것이 백만달러짜리 부상이라고 했지만, 그 돈은 군대에서 보관하는 모양이어서, 나는 그 백만달러 가운데 아직 한 푼도 구경을 못했다.)

million-dollar 좋은/천금을 주고도 사기가 힘든
wound 부상/사랑에 실패하여 생기는 마음의 상처(발음이 '운드'지만 '와운드'라고 발음하면 wind[감다]의 과거형임)
kept(keep) 간직하다/보관하다/안 주고 떼어먹다
nickel 백통/5센트짜리 동전(지폐를 얘기할 때는 5달러)/푼돈

007

"What is the use? We don't even speak the same language."
(얘기해 봤자 무슨 소용이겠어요? 우린 말이 안 통하는데.)

use 쓸모/소용/도움
speak 말하다(언어에 관한 얘기를 할 때는 talk이 아니라 speak 임)

008

"This lingo they talk, we ain't get much out of 'em, sir."
(이 녀석들이 사용하는 이상한 말, 아무리 들어봐도 무슨 소린지 별로 알아듣지 못하겠어요.)

lingo 알아듣지 못하겠는 소리/개소리/속어
ain't 모든 be 동사 또는 모든 have 동사에 not을 결합한 형태의 구어체
'em them의 줄임꼴

009

"Evidence and jargon alone will not save the lady. The press created the climate which condemned her. You have to change that climate."

(증거와 말솜씨만 가지고는 그 여자를 살릴 길이 없어요. 여론이 그녀를 유죄로 몰고 갔어요. 그러니까 당신들이 그 분위기를 바꿔놓아야 해요.)

evidence 증거/자취/증인
jargon 수작
press 인쇄기/언론/기자들
create(d) 창조하다/야기하다
climate 풍토/분위기/흐름
condemn 비난하다/유죄 판결을 내리다/폐기처분하다(condamn 이라고 잘못 쓰는 사람이 많으니 조심)

010

"A ridiculous obsession, it devours me. I'm helpless, completely caught up with this awful compulsion. From the minute I first laid my eyes on it, I was lost."
(한심한 집념 - 그것이 나를 잡아먹는다구. 난 이 무서운 충동에 완전히 사로잡혀서 꼼짝도 못하겠어. 그것을 처음 본 순간부터 난 제정신이 아냐.)

ridiculous 웃기는/한심한
obsession 집념/망상/강박관념
devour(s) 집어삼키다/꿀꺽/게걸스럽게 먹다/(뱀이) 통째로 삼키다
caught up 붙잡혀서 꼼짝도 못하다(능동형 catch up은 뒤떨어졌던 일을 '따라 잡는다'는 뜻이 됨)
awful 한심한/끔찍한
compulsion 충동/강제
laid(lay) eye 눈길을 주다/우연히 또는 주의깊게 보다

011

"You are suggesting what?"
(귀관이 암시하는 바가 무엇이지?)

what? (나는 ~라고 생각하는데) 안 그런가?(우리나라 국회의원들이 질문을 한답시고 자신이 할 얘기만 잔뜩 늘어놓으면서 잘 써먹는 수법임)

012

"You got something against the English language, colonel?"
(대령은 영어에 대해서 무슨 불만이라도 있는가?)

got(get) something against ~에 대해서 반대하고 싶은 무슨 못마땅한 점이라도 있는지

013

"Then speak plainly, if you will."
(그렇다면 쉬운 말로 해주게나.)

plain 빤한/수수한/못생긴/평탄한/(평평한) 평야

014

"I must as well get used to this double talk from the beginning. Well, my first assignment is writing a speech — no, no, no, that's not it — I'm not writing a speech for Mr. Hopkins. I'm providing the rough material so that he can write his own speech."
(난 일찌감치 눈치로 때려잡아야 하는 말투에도 익숙해져야 되겠어. 무슨 소리냐 하면, 내가 맡은 첫 업무가 연설 원고를 쓰는 일인데 - 아니, 아니, 아냐, 그게 아니고 - 난 홉킨스 사장의 연설문을 대신 쓰지는 않아. 나는 사장님이 연설문을 스스로 쓰도록 충분한 자료를 제공하라는 지시만 받았어.)

as well ~까지도/이왕 ~을 하는 김에 덩달아
assignment 숙제/업무
provide 제공하다/조달해 주다
rough 거친/대충만 준비한
material 자료/방송 따위의 원고/재료/물질적인/구체적인

015
"All right ; now, Mr. Kowalski, let us proceed without any more double-talk. I'm ready to answer all questions. I've nothing to hide. What is it?"
(좋아요. 그렇다면 말인데, 코왈스키 씨, 이제는 빙빙 둘러대지 말고 솔직하게 얘기를 계속합시다. 무슨 질문을 해도 난 바른 대로 대답하겠어요. 숨길 게 없으니까요. 도대체 왜 이래요?)

proceed 나아가다/진행하다/하던 얘기를 계속하다('선행[先行]하다' 또는 '~보다 앞서 가다'를 뜻하는 precede와 혼동하지 않도록 주의

016
"Okay, talk me into it."
(좋아, 그렇게 하도록 어디 한 번 나를 구워삶아 보시지.)

into ~한 결과가 이루어지도록

017

"We will just have to talk him out of this nonsense."
(오빠가 이 웃기는 짓을 하지 말도록 무슨 수를 써서라도 우리들이 말려야 해요.)

out of ~한 결과가 빚어지지 않도록

018

"No. I thought about it too much to talk. I'm gonna do something about it."
(아뇨, 동생에 대해서는 생각만 워낙 많이 했더니 이젠 얘기하고 싶은 마음조차 없어졌어요. 그러니까 뭔가 행동을 취할 생각예요.)

too ~ to ~ "to의 뒤에 나오는 무엇을 하기에는 too 다음에 나오는 ~을 너무 많이 했다"라는 식으로 번역하지 말고 "too 뒤에 나오는 ~을 했더니 to 뒤에 나오는 ~을 하기가 싫어졌다"는 식으로 번역하면 훨씬 우리말다움

gonna ~을 할 예정인/going to를 결합한 구어체 표현

019

"I don't like to hear it. I'd rather talk. The weather, anything. Month after month, 'Hello' and 'Good night,' and nothing in between."
(그 소리 듣기 싫어요. 차라리 말을 하고 싶다구요. 날씨건 뭐건 아무 얘기라도 좋아요. 몇 달이 지나도록 우리 두 사람은 '잘 잤어'하고 '잘 자'라는 말만 주고받았을뿐, 다른 얘기는 통 없었잖아요.)

weather 날씨(할 말이 따로 없을 때 땜질로 가장 자주 등장하는 화제)
nothing in between ~ 사이에 아무것도 없다 → ~ 이외에는 아무것도 없다
month after month 한 달이 가고, 또 한 달이 가도

020

"He's not much of a talker, is he?"
(저 친구 별로 말이 없구먼 그래.)

not much of ~라고 하기에는 별로

021

"I wouldn't mention it but you've been talking all the way from Texas. We are now in Wyoming Territory, and you've been talking for a thousand miles."

(이런 소리 정말 하기 싫지만, 자넨 텍사스에서 여기까지 오는 동안 쉬지도 않고 입을 놀렸어. 우린 지금 와이오밍주에 들어섰으니까, 자넨 4천리에 걸쳐 계속 주절댄 셈이라구.)

wouldn't mention 웬만하면 들먹이고 싶지 않지만

022

"You'd better not drink any more. Bob, you are not talking sense."

(형은 술을 그만 마셔야 되겠어. 밥, 횡설수설 그만하라구.)

(woul)d better not ~을 하지 않는 편이 좋겠다
talk sense 앞뒤가 제대로 맞아 떨어지는 얘기

023

"That's whisky talking, Crow."
(그건 술김에 나온 소리야, 크로우.)

crow 까마귀/못생긴 여자/못 뽑는 쇠막대기/환성

024

"I've been talking army shop for the last three hours."
(세 시간 동안 난 군대 얘기만 늘어놓았군요.)

shop 가게/작업장/어떤 전문적인 직업에 관한 얘기/학교/영국의 육군사관학교
for the last three hours 지금까지 줄곧 세 시간

025

"Of course I'm drunk. I'm the toast of the town. Everybody came."
(그야 물론 술 좀 했죠. 난 이제 이름을 날리게 된 걸요. 이 바닥에서 알 만한 사람은 다 나타났어요.)

the toast of the town 이 고장에서는 알아주는 사람

026

"I don't know what kind of speeches you're trying to write, but judging from the samples I read, I don't think anybody will listen."
(네가 어떤 종류의 연설문을 쓰려고 그러는지 모르겠지만, 내가 읽어본 원고들로 미루어 보면 그런 얘기에는 아무도 귀를 기울이지 않을 것 같더라.)

trying to ~을 할 생각
judging from ~으로 미루어보아
sample 견본/표본(텔레비전 방송에서는 pilot이라는 말도 사용)

027

"Darling, there are so many complaining political speeches. People are tired of hearing nothing but doom and despair on the radio. Why don't you write something simple and real, something with hope in it?"

(애야, 불평을 늘어놓는 정치적인 연설은 너무나 많아. 라디오에서 불행하고 절망적인 얘기만 듣느라고 사람들은 지쳤단 말이다. 뭔가 소박하고 진실한 얘기, 뭔가 희망이 담긴 얘기를 좀 쓰면 안 되겠니?)

complaining 불평하는/비난하는
nothing but 다른 것은 하나도 없이 오직
doom 숙명/파멸/나쁜 운명
despair 절망/자포자기

028

"What does your watch say?"
(지금 몇시냐?)

029
"That's why I slugged you. Do something."
(아무것도 안 하니까 때렸지. 아무거라도 좀 하라구.)

slug 탄알/괄태충(括胎蟲, 집 없는 달팽이)/후려치다

030
"We are not ordinary people. We are morons."
(우린 보통 사람이 아녜요. 우린 멍청이들이라구요.)

ordinary 평범한/흔한/보통스러운
moron 저능아

031

"Stupidity has saved many a man from going mad"

(수많은 사람들이 미쳐버리지 않고 구제를 받은 이유는 어리석음 덕택이었지.)

stupidity 어리석은(stupid) 상태/바보짓/우매함
many a man 복수형인 '많은 사람들(many men)'의 시적인 표현

032

"I may be an angry headmaster but I am not a village fool."

(나는 화가 난 선생이 되었는지 모르겠지만 동네 바보는 아냐.)

village fool = village idiot 우리 마을의 바보/동네 북/왕따

033
"Everybody is somebody's fool."
(모든 사람이 누군가에게는 당한다.)

034
"Only stupid hearing people think that deaf people are stupid."
(귀를 먹은 사람들이 바보라고 생각하는 건 귀를 먹지 않은 바보들뿐이야.)

hearing 소리를 듣는
deaf 귀먹은/귀를 기울이지 않는/무관심한

035
"Don't be fooled by this earring."
(이 귀고리를 보고 착각하지 마시오.)

fool(ed) 속아 넘어가다/속이다/바보로 만들다

036

"When I fool the people I fear, I fool myself as well."
(두려운 사람들을 속이려다 보면 나 자신도 덩달아 속는단다.)

fear 무서워하다/꺼리다

037

"A woman can't fool another woman with a pretty dress and a gay manner and a bright smile. She's been through some form of hell, that creature. Besides — she's not wearing a wedding ring."
(예쁜 옷하고 명랑한 태도하고 환한 미소만 가지고는 여자들끼리 눈속임을 하기가 쉽지 않다구. 그 음흉한 여자 뭔가 큰 위기를 거쳤어. 보아하니 결혼도 못한 신세더구만.)

gay 명랑한/즐거운/방탕하고 음탕한/뻔뻔스러운/건방진/남자들끼리의 동성애자

hell 험한 일/심한 고통

that creature 그것(깔보는 사람을 일컫는 말)/귀여운 녀석/무서운 괴물

wear(ing a) wedding ring 결혼한 몸이라고 알리기 위해 반지를 끼다

038
"He made a fool of himself and he paid for it."
(그는 바보짓을 하고 나서 그 대가를 치렀을 뿐예요.)

paid(pay) 못된 일을 하고 대가를 치르다/좋은 일을 하고 보상을 받다

039
"No fooling around with the star."
(나같은 인기 연예인을 놀리면 못써.)

040

"Then what do you mean fooling around with those figures? Seems to me, Mr. Poppins, this is the kind of work you ought to be doing."
(그럼 도대체 왜 그런 숫자만 주물러대는 거예요? 내가 보기에는 말이죠, 포핀스 영감, 당신은 이런 일을 해야 옳아요.)

fool around 장난치고 돌아다니다/바보짓을 하다
figure 숫자/몸매/형상/인물
ought to = must = have to ~을 해야만 한다

041

"A fork is a foolhardy instrument. You pick up food and it leaks!"
(포크는 정말 무식한 도구야. 음식을 뜨면 줄줄 새잖아!)

foolhardy 저돌적인/무모한
instrument 도구/악기
leak(s) 줄줄 흐르다/정보를 유출하다

042

"He's the world's greatest stooge and the world's greatest strength."
(존 도우는 세상에서 가장 멍청한 인간이면서 가장 막강한 인물이기도 합니다.)

stooge 들러리 배우/얼간이/끄나풀

043

"Everybody is gonna cut himself a nice fat slash off John Does, eh? You forgot one detail, Mr. Big Shot. You forgot me, the prize stooge of the world."
(너도나도 존 도우 같은 사람들의 덕을 톡톡히 보고 싶다 이 말이겠죠? 사소한 사실 하나를 까먹으셨군요, 거물 선생. 나를 잊어버렸단 말입니다. 세상에서 가장 멍청한 이 사람 말예요.)

cut himself 자기 자신을 위해 속셈을 차리다
nice 흡족한/보기 좋은
fat 두툼한/큼직한
slash 칼로 베어낸 조각/내리쳐 베다/오줌을 싸갈기다
John Doe(s) 수많은 평범한 사람(들)
big shot 대단한 인물/거물/왕초
prize 최고의/훌륭한/노획물/비집어 열다

044

"You are not a Senator. You are an honorary stooge."
(자넨 상원의원이 아냐. 자넨 명예직 꼭두각시 들러리라구.)

honorary 명예뿐인/무급(無給)인

045

"You can't blame him for trying to act like a big shot. Everybody knows he's just a stooge."
(아저씨가 대단한 인물인 체 그렇게 행동하는 거 이해하라구. 그 양반 멍청하다는 사실은 누구나 다 아니까.)

blame 탓하다/꾸짖다/헐뜯다/비난하다
for trying to ~한 노릇 좀 하려고 했기로서니

046
"I don't believe we caught your name."
(당신 이름이 뭐라고 그랬는지 잘 듣지 못한 것 같은데요.)

047
"Okay, I'll make the drop for you."
(좋아, 자네 대신 내가 배달해 주지.)

048
"Good people of Los Angeles, do not give up hope. Luis Quintero will soon resign and leave for Spain, or his blood shall drip from my sword."
(로스 앤젤레스의 선량한 백성들이여, 희망을 버리지 말라. 루이스 퀸떼로는 곧 물러나서 에스파냐로 돌아가야 하며, 그러지 않았다가는 내 칼끝에서 그의 피가 흘러내릴지어다.)

give up 포기하다
resign 사임하다/포기하다/자포자기하다
drip 똑똑 떨어지다(의성어)

049

"He didn't treat me like a tramp. He treated me like a woman."

(그 남자는 나를 잡년으로 취급하지 않았어요. 나를 여자로 봐줬단 말예요.)

treat(ed) 대하다/취급하다/접대하다

050

"I was a slut of all times."

(난 전무후무한 갈보였다구요.)

of all times 모든 세대를 통틀어서 최고로 손꼽히는

051
"I want to stay and finish high school here."
(난 여기서 그냥 살며 고등학교를 졸업하고 싶어요.)

stay 버티다/지내다/머물다/살다/학교 따위를 계속해서 다니다

052
"I left Naples, I left Mama, for a no-good tramp."
(나는 형편없는 건달을 따라나서느라고 엄마도 버리고, 나폴리를 떠났다.)

left(leave) 버리다/떠나다/휴가
no-good 쓸만한 구석이 하나도 없는

053

"We are not tramps. We got a business waiting for us in California."

(우린 거렁뱅이가 아녜요. 캘리포니아로 취직하러 가는 길이거든요.)

business 직장/할 일

054

"What kind of a stinking filthy world. Working like a slave for three years, building muscles, building wins. And then a fat belly with a big cigar in his mouth tell you you are still a tramp."

(정말 더럽고도 치사한 세상이로구만. 3년 동안 노예처럼 일하면서 근육을 만들고 차근차근 이겨나가면 뭘 하느냐구. 언젠가는 큼지막한 여송연을 입에 물고 뚱뚱보 한 놈이 나타나서 너따위 시시한 인생은 끝까지 시시한 인생으로 살아가라고 그러는데 말야.)

stinking 악취가 나는/더러운/한심한
filthy 누추한
build(ing) muscles 근육을 만들다
build(ing) wins 차곡차곡 승점을 쌓아나가다

055

"A man without money is a vagabond on the road."
(돈 없는 신세라면 길바닥에 나선 방랑객이죠.)

on the road 여기저기 떠도는/지방 공연을 다니는
vagabond 부랑자/방랑자

056

"The gamin — a child of the waterfront, who refuses to go hungry."
(가난하게 살지는 않겠다고 맹세한 부둣가의 뜨네기 아이를 보라.)

gamin(e) 부랑아나 장난꾸러기 말괄량이를 뜻하는 프랑스 말
refuse 거부하다
go hungry 굶주리며 지내다/가난하게 살아가다

057

"Is it true that you lived in Italy among artists and vagrants?"
(이탈리아에서 화가들이랑 부랑자들이랑 같이 살았다는 거 진짜예요?)

live among 함께 살다
vagrant 방랑자/부랑자/주거부정인/변덕스러운

058

"Sort of black fire. I mean, sort of light and dark at the same time. There was one a bit like an electrified jellyfish. They were singing. May have been Greek."
(검은 빛깔의 불꽃이라고나 할까. 뭐랄까, 빛과 어둠이 뒤섞인 기분이었어. 한 놈은 전기 충격을 받은 해파리를 약간 연상시켰고. 모두들 노래를 부르더구만. 아마 그리스어였나봐.)

light and dark 밝음과 어둠/피부가 희고 검다는 뜻도 됨(light color는 환한 빛깔)
electrified 전기가 통한/감전된(electric은 '전기로 작동하는'이나 '전격적인')

059

"Of course I talk to rock. But he doesn't talk to me. He can't, you see, he's Greek rock. He doesn't understand a word what I'm saying."
(그 버릇 어디 간다구, 그야 바위하고도 난 얘기를 하죠. 하지만 바위가 대답을 안 해요. 하기야 그리스 바위이니 어떻게 대답을 하겠어요. 내가 하는 말을 한 마디도 알아듣지 못하잖아요.)

a word 한 마디의 말도

060

"No, that's show business talk. Here, I'll translate it for you."
(그게 아니고, 사실은 연예계 사람들이 쓰는 말이지. 자, 내가 자네들을 위해 해석해 줄게.)

show business talk 연예계에서 쓰는 표현

061

"What the hell was that?"
(도대체 무엇이 그랬어?)

what the hell 도대체(강조하는 말. what on earth나 what in the world도 같은 뜻임)

062

"Just before the end, she started calling, 'Father, father.' But she never knew her father."
(숨을 거두기 직전에, 아내는 '아버지, 아버지'라고 아버지를 찾기 시작했어요. 아내는 아버지에 대해서 전혀 아는 바가 없었는데 말예요.)

the end 임종

063
"Someone somewhere said that every man is the father of every child."
(모든 사람은 저마다 모든 아이의 아버지라고 누군가 어디서 그랬잖아요.)

someone somewhere 누구인지는 모르겠지만 어떤 사람이

064
"The child is father of(또는 to) the man."
(될성부른 나무는 떡잎부터 알아본다.)

065

"In 1911, Sun Yat-sen fathered a people's revolution, which brought an end to the Chinese imperial government."
(1911년에 쑨이센[孫逸仙]은 인민 혁명을 일으켜 중국 제국의 통치에 종지부를 찍게 했다.)

father 낳다/아버지가 되다/창시하다
people's revolution 인민의 혁명
brought(bring) an end to ~에 종지부를 찍다/~을 끝장내다
imperial 제국의/황제의/장엄한/각별히 큰 제품

066

"Don't you son me!"
(감히 날 아들처럼 취급하지 말라구요!)

067

"Don't you mother me! Playing cat-and-mouse with my poor boy!"

(어머니라며 따리 붙이지 마. 불쌍한 내 아들 피하느라고 요리조리 도망만 다니면서 말야!)

cat and mouse 술래잡기/숨바꼭질(hide and seek)/하이픈을 넣어 cat-and-mouse라고 붙이면 형용사꼴이 되어 '끝까지 쫓고 쫓기는'
boy 아들

068

"Okay, son, tell me when you change your mind."

(좋다, 아들아, 하지만 생각이 달라지면 나한테 알려줘.)

tell 알려주다/일러바치다/고자질하다

069
"You're really a peach of an actor."
(당신은 정말 깨물어주고 싶은 배우예요.)

peach 복숭아/발그레한/예쁜
of ~와 같은

070
"You're not gonna be picking a fight, dad — dad … dad … daddy-o, you are coming to a rescue."
(진짜로 싸움을 걸라는 얘긴 아니고요, 아빠 — 아버지 … 아버지 … 아찌, 말하자면 구해주는 셈이죠)

pick a fight 시비를 걸다
daddy-o 아저씨/아찌
rescue 구출/구제

071
"Yes. even killers have mothers."
(그래요. 살인자들에게도 어머니는 있죠.)

killer 단순히 살인 행위를 하는 사람/범죄적인 살인범은 murderer

072
"What are you trying to be? Let people lead their own lives."
(어쩌려고 그래요? 자기 삶은 스스로 알아서 살아가게 사람들 좀 가만 내버려 둬요.)

073

"I am a New England spinster, who is pushing forty."
(난 마흔을 코앞에 둔 뉴 잉글랜드의 노처녀예요.)

pushing 밀어대는/강요하는/진취적인
spinster 노처녀/집안에 들어앉아 실이나 잣는 여자

074

"Pancho has a reverend respect for money."
(판초는 돈을 아주 귀하게 생각해요.)

reverend 종교적으로 숭배하는/귀하신 몸/성직자(신부, 목사)

075
"To those young warriors of the sky, whose wings are folded about them forever, this picture is reverently dedicated."
(영원히 날개를 접은 하늘의 젊은 용사들에게 이 영화를 경건한 마음으로 헌납한다.)

warrior 전사(戰士)/용사/인디언 남자
fold 접다
dedicate(d) 바치다

076
"You don't need to call me Mother, if you wish. Most people find that uncomfortable. You can call me Sister."
(마음이 내키지 않으면 날 어머니[=수녀원장]라고 부르지 않아도 됩니다. 대부분의 사람들은 그러기가 거북하다고 생각하니까요. 그냥 언니[=수녀님]라고 부르세요.)

find that uncomfortable 그것을 불편하다고 느낀다

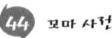

077 "You see, I was brought up by Russian sisters."
(난 러시아 수녀들의 손에 자랐어요.)

078 "Remember, I want a little brother, not a big brother."
(난 동생을 원하지, 형은 싫다는 거 잊지 마세요.)

079 "Mom, you're on TV again."
(엄마가 또 텔레비전에 나왔어요.)

080
"Priests are necessary discomfort."
(성직자는 필요불가결한 불편함이라구.)

necessary 필요한/필연적인
discomfort 불편함(형용사꼴은 uncomfortable)

081
"You don't talk to them. You give them a lecture."
(넌 그 사람들하고 대화를 나눈 게 아냐. 넌 훈계만 한다구.)

lecture 강연/훈시/잔소리

082
"And now you're giving me a Sunday school sermon."
(그리고 이제는 나한테 일요성경학교 식 설교까지 하는군요.)

sermon 설교(라틴어가 어원이어서 preach나 lecture보다 격이 높은 말)

083

"The minister and his wife pay their weekly visit."
(목사님 부부가 매주일 찾아온다.)

pay visit 방문하다
weekly 매주일 반복되는/한 주일에 한 번씩

084

"Arrest him for the murder of Archbishop Romero!"
(로메로 대주교의 살인범으로 체포하라.)

arrest 체포하다/구속하다/고통이나 질병 따위를 막거나 억제하다
for ~에 대한 혐의로

085 "I thought that I was rich, with a flower that was unique in all the world ; and all I had was a common rose. A common rose and three volcanoes that come up to my knees — and one of them perhaps extinct forever… That doesn't make me a very great prince…"

(나는 내가 온세상에 하나뿐인 꽃을 소유한 부자라고 생각했는데, 알고 보니 내가 가진 건 평범한 장미꽃 한 송이가 고작이었어요. 흔한 장미 한 송이에 내 무릎만큼밖에 올라오지 않는 화산 세 개가 전부였는데… 그나마 화산 하나는 영원히 죽어버렸는지도 모르겠고요-. 그렇다면 난 별로 대단한 임금님이 아니잖아요…."

unique 유일한/오직 하나뿐인
common 흔한/못생긴 (여자)
volcano 화산
extinct 사멸한/꺼진/활동을 그친/멸종한

086

"We are selling dreams. Prince Charming, handsome knights in shining armor…"
(여기서는 꿈을 팔아요. 백마를 탄 왕자님에, 번쩍거리는 갑옷을 입은 멋진 기사들하고-.)

shining armor 빛나는 갑옷

087

"It's hunky-dory with me."
(난 잘 지냅니다.)

hunky-dory 멋있는/훌륭한/삼삼한

088

"You can say that again."
(지당하신 말씀입니다.)

089

"That's my brother Bob. I promised him a shot at a picture."
(저건 내 동생이야. 영화에 나올 기회를 한 번 마련해 주마고 내가 약속했었지.)

shot 일격/취미/즐거움/시도/술값 계산서

090

"I've got to get back home and see how the Pirates are doing."
(난 고향으로 돌아가서 야구가 어떻게 돌아가는지 알아봐야 되겠어.)

(ha)ve got to = have to = must ~해야 되겠다
how ··· are doing 어떻게 해나가고 있는지

091
"You still have pirates in America?"
(아메리카에서는 아직도 해적들이 나와서 활개를 쳐요?)

092
"I took the train home."
("나는 고향으로 가는 기차를 탔다.)

093
"I hate the sea. I hate the Russian food, I hate the champagne, I'm sick of the gypsies. I'm having a terrible time."
(난 항해가 싫어요. 난 러시아 음식도 싫고, 샴페인도 싫고, 뜨내기 거지들도 싫어요. 난 고생이 이만저만 아니라구요.)

terrible time 끔찍한 세월

094 "Go powder your nose."
(화장실 좀 다녀와.)

powder (your) nose 얼굴에 분(을) 바르다/화장을 고치다/화장실에 다녀오다

095 "Afterwards we will want the lonesome GI boys to feel this is their real home away from home."
(나중에 우리는 외로운 미군 병사들이 이곳을 진짜 고향처럼 느끼도록 만들어야 합니다.)

afterwards 그런 일들이 일어난 다음에(단수로 afterward라고 하면 보통 '한 가지 사건이 일어난 다음'을 뜻한다. '그뿐 아니라'라는 뜻의 beside(s)도 용법이 비슷함)
we will want ~하게 되도록 우리들이 힘써야 한다
GI → G. I. → government issue 미군 병사
home away from home 멀리 남겨두고 온 고향과 똑같은 분위기를 느낄 수 있는 곳

096

"Combining the global positioning system with voice identification, you can turn any cell phone into a homing device."
(위치 추적 장치를 음성 확인과 결합하면, 모든 휴대전화를 자동 유도 방식으로 전환시킬 수 있어요.)

combine 하나로 묶다
global positioning system(GPS) 위치 추적 장치
voice identification 음성으로 신분을 확인하기
cell phone 휴대전화(hand phone은 영어가 아님)
homing device 목적지나 목표물을 찾아가는 장치

097

"East or west, home is best."
(아무리 돌아다녀 봐도 집처럼 좋은 곳이 없더라.)

098

"What does that mean — home? A place we got to be at certain times?"
(집이라니 - 그게 뭔가요? 특정한 시간에 우리들이 의무적으로 가 있어야 하는 장소 말인가요?)

certain 어떤 특정한

099

"We make a home for each other, my grandfather and I. Oh, I don't mean a regular home, because I don't regard a home as a place, a building — bricks, wood, stone. I think home is something two people have between them."
(할아버지와 나, 우리 두 사람은 서로 집 노릇을 한답니다. 아, 내 말은 보통 얘기하는 그런 집이 아니어서, 난 집이라고 하면 벽돌과, 나무와, 돌로 지은 건물 - 어떤 장소를 생각하지는 않아요. 내 생각엔 집이라고 하면 두 사람이 함께 나누고 간직하는 그런 무엇이죠.)

regular 일반적인

100

"You were building your nest, and you didn't even know it."
(두 사람은 함께 둥지를 틀면서도 그 사실을 까맣게 몰랐던 거예요.)

nest 보금자리(동사형인 nestle은 '깃들이다' 또는 '서로 비비며 파고들다')

101

"Maybe the suitable home doesn't mean just a house and furniture. I mean, maybe the judge feels that a — suitable home is — well, people. Father, mother, you know — people."
(적절한 가정이라는 말은 그냥 집과 가구만을 의미하지는 않을지도 몰라요. 무슨 소리냐 하면, 판사님이 생각하기에는 - 적절한 가정이란 - 글쎄요, 사람을 뜻하나 봐요. 아버지, 어머니 그런 거, 아시잖아요 - 사람들 말예요.)

suitable 적당한/어울리는/알맞은
furniture 가구
judge 판사/재판장/심판하다

102

"A home can be full of too much love, Cathy. Then one night it burns up and everybody in it."

(어쩌다 보면 가정은 사랑이 지나치게 넘쳐나서 곤란한 경우도 생기지, 캐티. 그러다가 어느 날 밤에 혹시 불이라도 나면 그 안에서 사는 모든 사람이 타 죽을지도 몰라.)

burn(s) up '모두 파괴된다'는 뜻의 상징적인 표현

103

"I was born in a taxi halfway between home and the hospital."

(난 집에서 병원으로 가던 중간쯤 택시 안에서 태어났어요.)

halfway 목적지까지의 거리에서 절반쯤 되는 곳

104
"Thank you for sending my volume of Emerson. His words come home to me like true."
(내가 읽던 에머슨의 시집을 보내줘서 고마워요. 그가 하는 말은 정말로 진솔하게 들려요.)

volume 책/서적/권(券)/분량/음량
come home 정곡을 찌르다
like true 진실처럼/진실 같게

105
"She is homely."
(촌스러운 여자로구만.)

106
"Ladies and gentlemen, drink's on the house!"
(신사숙녀 여러분, 술은 호텔에서 내겠습니다.)

107
"I am giving all your booze away."
(사장님의 술을 제가 모두 공짜로 나눠주는 중입니다.)

give away 공짜로 나눠준다

108
"This one brought down the house."
(이 작품은 만장의 갈채를 받았습니다.)

109
"Eventually Chaplin spent several years under the harsh discipline of Lambert Workhouse."
(나중에 채플린은 램버트 구빈원에서 혹독한 시련을 겪으며 몇 년을 보냈다.)

eventually 결국/결과적으로/나중에
harsh 혹독한/가혹한
discipline 훈련/단련
workhouse 구빈원(救貧院, 영국에서 고아나 거지들을 데려다 키우며 돌봐주신답시고 노동력을 착취하던 곳)

110

"New York State's sentence for a Peeping Tom is six months at a workhouse. They got no windows at the workhouse."
(뉴욕주에서 몰래 훔쳐보다 걸리면 노역장[勞役場]에서 6개월을 보내야 해요. 거기 가면 창문도 없다구요.)

sentence 판정/선고/처벌/격언/명언
Peeping Tom 백성들의 세금을 깎아달라면서 고다이바 부인(Lady Godiva)이 남편(Earl Leofric of Mercia)이 제시한 조건에 따라 발가벗은 채로 머리카락으로만 몸을 가리고 말을 타고는 거리를 돌아다닐 때 혼자서만 몰래 내다본 양복장이. 다른 사람들은 사랑하는 왕비가 부끄러워할까봐 모두 문을 닫아걸고 내다보지 않았으며, 톰은 하늘의 벌을 받아 눈이 멀었음
workhouse 미국에서는 감화원(house of correction)

111

"We keep everything. House rules."
(모든 물건은 방값을 낼 때까지 우리가 보관합니다. 여기 규칙이 그래요.)

keep 보관하다/빼앗고는 주지 않는다
house rule(s) 내규(內規)

112
"He's not housebroken yet. That's all."
(집에서 키우는 애완동물처럼 말을 잘 들을만큼 아직 길이 들지를 않았어. 머지않아 그렇게 되겠지만.)

113
"Everyone calls me Hackey. It's a household name."
(모두들 나를 해키라고 부르죠. 그 이름은 모르는 사람이 없어요.)

household name 가족처럼 잘 알려진 이름

114
"The show is a huge hit and makes Eastwood a household name."
(그 연속물이 성공하자 이스트우드가 가족의 이름처럼 되었다.)

household 한 집에 모여서 사는 가족이나 세대

115 "Well, listen, I'm housesitting at the beach."
(있잖아요, 아저씨, 나 바닷가에 있는 남의 집을 하나 맡아서 봐주고 있는데요.)

housesit 집을 봐주다(babysitting은 아기를 봐주는 일)

116 "Welcome to my humble abode, my dear."
(애야, 초라한 나의 거처를 찾아줘서 고맙구나.)

117 "Move your foot off my adobe."
(내 흙벽돌 밟지 마.)

"The ceiling just fell in."
(방금 곤란한 일이 터졌어.)

ceiling 천장/상한선

"Anybody hurt when the ceiling fell in?"
(천장이 무너졌다는데, 누구 다친 사람은 없어?)

"Then the roof fell on all of us."
(그리고는 우리들 모두가 곤경에 처했다.)

121
"And then the roof caved in."
(그러자 엄청난 문제가 발생했다.)

cave in 광산의 갱도 따위가 무너지다/눈사태가 일어나 사람이 매몰되다.

122
"I am barren."
(난 애를 못낳는대.)

barren 메마른/불모의/불임의

123
"They might think you are a Fuller brush man."
(애들이 당신을 보면 남이라고 하겠어요.)

Fuller brush man 집집마다 문을 두드리며 풀러표 솔을 파는 남자(극성스럽기로서는 에이본 화장품을 파는 아가씨 Avon lady와 막상막하)

124

"Would you show these gentlemen to the door?"
(이 양반들 문간까지 좀 배웅해 주겠어요?)

show (the way) to the door 문까지 가는 길을 안내하다

125

"I regret that we have no servants to show you out."
(나가시는 길에 배웅해 드릴 하인이 없어서 미안하군요.)

regret 후회하다/뉘우치다/유감으로 생각하다/미안하다고 여기다

126

"Well, I wasn't prepared to be your door mat. I had to fight back sometimes, didn't I?"
(글쎄요, 난 당신의 종 노릇을 할 마음은 없었어요. 때로는 나도 대들 수밖에 없었잖아요?)

prepare(d) to be ~노릇을 할 각오가 서다
door mat 문간이나 현관에 놓아두는 신발털이(원작 희곡에서는 띄어 썼지만 요즈음에는 doormat이라고 한 단어가 되었음)

127

"She is the only tramp that ever worked for Mike and wasn't used like a mattress."
(마이크 밑에서 일하던 갈보들 가운데 깔개 취급을 당하지 않았던 사람은 그 여자뿐이었어요.)

work for ~의 밑에서 일하다
mattress 깔개(1950년대 한국에서 널리 쓰이던 비속어 '깔치'와 비슷한 의미)

128
"I live next door to him."
(나 그 사람 옆집에 살아요.)

129
"The rest of the proceedings will be conducted behind closed doors."
(나머지 재판 과정은 비공개로 진행하겠습니다.)

proceeding(s) 조처/변론(proceeds는 어떤 행사에서 얻는 수익금)
closed doors 밀실

130
"Lock the door behind you on your way out."
(나가는 길에 문 좀 잠가줘요.)

on your way out 바깥으로 나가는 길에

131

"Would you like a ticket to the raffle?"
(추첨하는 표 한 장 안 살래요?)

raffle 복권/폐물/잡동사니

132

"Good old Joe. I love him because he's dumber than me." (조는 정말 좋은 친구야. 내가 저 친구를 좋아하는 까닭은 나보다 더 멍청하기 때문이지.)
"Dumber than I." ('나 보다 멍청하다고 해야지.')*
"Okay, then, he's dumber than both of us." (좋아, 그래. 저 친구 우리 두 사람 누구보다도 모자라지.)

*목적격 me가 아니라 주격 I를 써야 한다는 뜻 : He's dumber than I (am).

133

"I felt sick the moment you got the telegram, Rusty."
(당신이 전보를 받아 보는 순간 난 속이 이상했어요, 러스티.)

telegram 전보
rusty 녹슨/녹아난/고집이 센(사람의 별명으로 쓰였으니 '고집통이'나 '심술쟁이'라는 뜻이겠음)

134

"You kissed him?" (대통령하고 키스를 해?)
"Yes." (그래.)
"Where?" ('어디서?'라는 뜻이지만, '어디에?'라는 의미가 되기도 함)
"On the mouth." (입에다.)
"I mean, where in the White House?" (백악관 어디에서 했냐구.)

135

"In this kitchen bright and cheery, daily chores I'll never shirk."
(환하고 즐거운 이 부엌에서 나는 하루하루의 힘겨운 일들을 조금도 마다하지 않으리.)

cheery 기분이 좋은/활기찬/명랑한/유쾌한(cheery는 어떤 인물이나 사물에서 우리가 받는 인상을 얘기하지만, cheerful은 주체인 사람이 느끼는 '기분'을 뜻하는 경우가 많음)
daily 날마다 반복되는
chore(s) 잡일/심부름/귀찮은 일/허드렛일
shirk 병역이나 책임 따위를 기피하다/회피하다

136

"Women belong to the kitchen."
(여자가 지켜야 할 자리는 부엌이야.)

137

"They're throwing everything out but the kitchen stove."

(일본놈들 불알만 빼놓고는 몽땅 다 퍼붓는구만.)

kitchen stove 마지막 물건(온갖 음식 찌꺼기가 더럽게 달라붙은 하수구[kitchen sink]와 같은 뜻)
everything but ~만 빼놓고는 모조리

138

"There is no room in this world for art and literature."

(지금 세상에서는 미술이나 음악이 설 자리가 없어.)

room 공간/방/셋방/기회/여유/능력

139 "I found a house, a place of my own, where I can work without trouble, and where there's plenty of room."
(나 혼자 쓸 집을 구했는데, 공간이 넉넉해서 걱정없이 일을 해도 되겠어.)

of my own 나 혼자만의/내 마음대로 쓰는
trouble 걱정/문제(회의에서 다루는 '문제'들, 즉 '의제'는 problem이 아니라 matter나 issue이므로 확실하게 구분해서 써야 함. problem은 '골치 아픈 문제거리'임)
plenty of 넉넉한/많은/풍족한

140

"You got ambition, ideas, youth and the good looks to go with them too. But working in a cocktail bar…. Of course I don't blame you, it's not your fault. Town like this got no elbow room for a go — getter. No opportunity for a man going places."
(자넨 야심적이고, 머리도 잘 돌아가고, 젊은데다가 얼굴까지 잘생겼지. 하지만 술집에서 일을 하다니…. 물론 자네 잘못은 아닐 테니까 난 자넬 탓하지는 않겠네. 진취적인 사람에게는 이런 고장은 답답한 곳이야. 적극적인 청년에게 기회가 주어지질 않으니까 말야.)

ambition 야망
idea(s) 잘 돌아가는 머리
youth 젊음/청춘
good look(s) 잘 생긴 얼굴/미모
to go with 거기다가 덤으로 ~까지
blame 탓하다
fault 잘못/허물/약점/결손/부족
elbow room 행동반경/여유/여지
go-getter 수완가/활동가/민완가/악착같이 쫓아가서 무엇인가를 차지하는 사람

opportunity 기회(같은 '기회'라고 하더라도 opportunity보다 chance는 우발성이 훨씬 많이 작용함)

a man going places 여기저기 많이 돌아다니거나 무엇인가를 열심히 찾아다니는 사람/세상물정에 환한 사람/닳아빠진 사람

141

"Do you like this window?" (이 창문 좋아하세요?)
"I sometimes get the urge to throw something through it." (가끔 난 그 창문으로 무얼 내던지고 싶은 충동을 느껴.)
"What?" (뭘요)
"A student, usually." (대부분의 경우는 학생이지.)

urge 충동/욕구/촉구하다

142

"The corset comes off tomorrow, I'll be able to scratch myself like anybody else, and I'll throw this miserable thing out the window."
(내일 코르셋을 벗으면 나도 다른 사람들처럼 내 몸을 긁어도 되고, 이 거지같은 물건도 내다버려야지.)

scratch 긁다/흠집을 내다/휘갈겨 쓰다/말살하다/푼푼이 저축하다
miserable 한심한/거지같은/더러운/재수 없는

143

"It was the lowest point in my life. I had talked to a couple of therapists and when a therapist said, 'I couldn't believe I'm talking to Esther Williams,' the whole idea of therapy goes out the window, because then you've got to talk to a fan instead of somebody that should tell 'What's wrong with you?'"

(내 인생에서 가장 비참한 시절이었죠. 난 정신 상담을 두어 차례 받았는데, 어느 의사가 '에스터 윌리엄스하고 내가 마주 앉다니 믿어지지가 않아요'라고 하는 바람에 치료는 물 건너가 버렸어요. '무슨 문제로 오셨나요?'라고 물어야 할 의사가 아니라 팬하고 대화를 나눠야할 처지가 되어버렸으니까요.)

point 시기
a couple of 두엇
therapist(s) = therapeutist(s) 치료 기술(therapy)의 전문가(영화나 소설에서는 대부분의 경우 정신과 상담을 하는 의사를 뜻함. 속어로 shrink)
go(es) out the window 기회를 놓치다 / '죽은 자식 불알만지기'의 상태
tell 지시하다 / 명령하다

144

"I have no window to look into another man's conscience. I condemn no one."
(나에게는 다른 사람의 양심을 들여다볼 창문이 없습니다. 그래서 나는 아무도 탓하지 않겠습니다.)

conscience 양심
condemn 009 항 참조

145

"I was window-shopping in Oxford Street, just sort of daydreaming about what I'd buy for my wife, if I had any money."
(만일 나에게 돈이 몇 푼이라도 생긴다면 아내에게 무얼 사줄까 막연히 공상하면서 난 옥스퍼드 거리에서 진열창 구경을 하던 중이었어요.)

window-shopping 진열창에 전시된 물건들을 구경하기(eye-shopping은 영어가 아님)
daydream(ing) 대낮에 눈을 뜬 채로 꾸는 꿈/백일몽
any money 한 푼이라도 돈이

146

"The first thing to do is to take the tube in the left hand and remove the cap."
(우선 치약을 왼손에 들고 뚜껑을 열어야 합니다.)

tube 관(管)/통/지하철
remove 제거하다/벗기다
cap 뚜껑/모자

147

"I think you snapped your cap."
(흥분이 좀 지나치신데.)

snap 재깍 부러지다/딱 소리가 나다/덥석 물다/딱딱거리다
snap (your) cap 크게 흥분하다/몹시 당황하여 갈팡질팡하다

148

"Look at them, Philby. They're all alike. All wear identical bowler hats."

(저 사람들 좀 보라구, 필비. 모두가 똑같아. 너도나도 하나같이 중절모를 썼다구.)

identical 붕어빵처럼 똑같은

149

"I'm not going to miss this hat."

(이놈을 해치우고 말겠어.)

miss 놓치다/못 맞히다/빚맞히다/보고 싶어 하다/아가씨
hat 쓸모없는 인간/늙다리/너저분하거나 칠칠치 못한 계집/악당/건달

150

"I made you a nice offer, but you gave me a high-hat."

(난 자네한테 쓸만한 제안을 내놓았는데, 자넨 나한테 거만하게 나왔지.)

high-hat 콧방귀/콧대/high hat = silk hat = top hat

151

"You have to take your hat off to Daniel Dravot."

(당신은 대니얼 드라봇에게 경의를 표해야 합니다.)

hat off 모자를 벗는다(존경심을 나타내는 행위)

152

"But if you can name one man in this town who lifted a finger to help those men get a decent start, I'll eat your hat."
(하지만 만일 그 병사들이 인간답게 살아갈만한 생활 터전을 마련해 주기 위해 손 하나 까딱한 사람이 이 마을에 한 명이라도 있었다는 걸 당신이 증명한다면, 난 당신 모자를 씹어 먹겠오.)

name 거명하다/이름을 대다/제시하다
lift 들다/승강기/차를 태워주거나 얻어타기
decent 점잖은/제대로 된/떳떳한

153

"Buy yourself a hat."
(떡값이니 받아두시지.)

154

"Whenever I met one of them who seemed to me at all clear-sighted, I tried the experiment of showing him my Drawing Number One, which I have always kept. I would try to find out if this was a person of true understanding. But, whoever it was, he, or she, would always say : 'That is a hat'."
(조금이라도 분별력이 있어 보이는 어른을 만날 때마다, 나는 내가 항상 가지고 다니던 제1번 그림을 그에게 보여주는 실험을 해보았다. 나는 이번에야 말로 제대로 이해하는 사람을 만났는지 알고 싶어서 그렇게 했다. 하지만 남자이건 여자이건 누구를 만나더라도 대답은 언제나 똑같았다. "그건 모자야.")

clear-sighted 시야가 밝은/사리가 밝은/판단력이 뛰어난

155

"You opened your wound again. I am going to take you to your quarters and dress the wound."
(그런 짓을 하니까 상처가 다시 터졌잖아요. 당신을 숙소로 옮겨다 놓고 상처를 손질해야 되겠어요.)

quarters 숙소(단수로 쓰면 '4분의 1', '15분', '25센트', '지역')
dress 입히다/만들어 주다/음식 따위를 장식하다/진열장 따위를 아름답게 꾸미다/정돈하다/마무르다/말의 털을 빗겨 주다/가죽을 무두질하다/석재나 목재 따위를 다듬다/나무의 가지를 치다/가금류나 육류 요리를 위해 내장과 털 따위를 손질하다/광석을 가려내다/병사들을 정렬시키다/땅을 갈고 비료를 주다/꾸짖다

156

"You know as well as I do that women dress for one another, not for men."
(여자들이 옷차림에 신경을 쓰는 까닭은 남자들에게 보여주기 위해서가 아니라 서로 경쟁을 하기 위해서라는 걸 나뿐만이 아니라 당신도 잘 알잖아.)

157

"If you wanna Pepsi, pal, you're gonna pay for it."
(펩시를 마시고 싶다면 말야, 이 친구야, 돈을 내야지.)

wanna = want to
pal 친구(나이가 비슷하거나 아래인 사람을 칭하는 말)
gonna = going to의 구어체 표현

158

"To sing, to laugh, to dream, to fight or write, to travel any road under the sun, under the stars, free with an eye to see things as they are…."
(노래를 부르기 위해서, 웃기 위해서, 꿈을 갖기 위해서, 글을 쓰거나 싸우기 위해서, 세상 만물을 있는 그대로 자유로운 눈으로 보며, 태양 아래서, 별빛 아래서, 어떤 길이라도 가기 위해서….)

under the sun 이 세상 모두
under the stars 별이 빛나는 밤에

159 "I was told the salt is free for the take."
(이곳 소금은 공짜니까 아무나 가져가도 된다고들 그러던데.)

for the take 가져가는 사람이 임자라고

160 "Why did you leave Cape Town?" (케입 타운은 왜 떠났나요?)
"I told you, we wanted the free land." (공짜 땅을 구하러 간다고 그랬잖아요.)

161

"You will be born again into an untroubled world, free of anxiety, fear, hate."
(당신은 불안과, 공포와, 증오가 없는 평화로운 세상에서 다시 태어나게 됩니다.)

untroubled 걱정거리가 없는
free of ~으로부터 해방된
anxiety 나쁜 일이 생길까봐 느끼는 예감/불안/걱정

162

"Freedom is not free"
(자유는 공짜가 아니다.)

163

"I solemnly promise, God helping me, to abstain from all distilled bottled liquors including wine, beer and cider."
(나는 하나님의 도움을 받아 포도주와 맥주와 사이다를 포함한 모든 증류되고 병에 담긴 술을 금주하기로 엄숙하게 약속합니다.)

solemn(ly) 엄숙하게
abstain 참다/삼가다/술이나 담배를 끊다/그만두다
distilled 증류시킨
bottled 병에 담은
liquor 술

164

"Bring me a hard cider."
(사과주로 주쇼.)

hard cider 사과즙을 발효시킨 술(sweet cider는 발효를 시키지 않은 사과즙이고, cider brandy는 사과술로 만든 사이비 브랜디를 가리키는 말)

165

"One thing I sure regret. I never got to Wichita and had that glass of beer."

(한 가지만큼은 정말로 억울해. 위치타에 나가서 마시기로 했던 그 맥주 한 잔 영원히 구경도 못하게 되었다는 거 말야.)

sure 분명히/확실히(정확히 하려면 surely 또는 sure의 부사적 용법인 as sure as여야 함)
that 입버릇처럼 과거에 늘 얘기했던 ~

166

"I don't know how much they're charging here, but this champagne is ginger ale."

(이곳에서 얼마를 받는지 모르겠지만, 이 샴페인은 진저 에일인데요.)

charge 가격을 정하다/받아내다
ginger ale 생강 맛을 들인 청량음료

167

"Fine investment. Next door a speakeasy, across the street a pool room, loafers around the corner, children like wolves."
(투자 한 번 잘 했구려. 옆집은 비밀 술집, 길 건너에는 당구장, 문밖을 나서면 무직자들이 핀들거리고, 아이들은 하나같이 늑대처럼 사나운 곳이니 말예요.)

investment 투자
pool room 당구장
loafer 일은 안 하고 빈둥거리기만 하는 놈
around the corner 길바닥에는

168

"Booze is your downers now."
(이제는 술이 진정제가 되었구만.)

downer 긴장을 풀어주고 마음을 진정시키는 tranquilizer(정신 안정제) 또는 pacifier(안정제)를 가리키는 속어

169

"It's not booze, it's champagne."

(아무나 마시는 술이 아니라 이건 샴페인이야.)

170

"My name is Dorothy. Alan's always Alan, Tom's always Tom, and John is always John. I have a name too, and it's Dorothy."

(내 이름은 도로티예요. 앨런은 항상 앨런이라 부르고, 톰은 항상 톰이고, 존도 항상 존이라고 그러잖아요. 나도 이름이 따로 있고, 그 이름은 도로티예요.)

171

"I told you nothing's the matter. I just don't happen to feel like boozing."

(아무 일 없다고 그랬잖아. 난 그냥 지금 같아서는 술이나 퍼마실 기분이 아니란 말야.)

happen to 어쩌다 보니/지금으로서는
boozing 술을 잔뜩 퍼마시고 게걸거리는 짓

172

"You ran like a rabbit after you killed Private Jean. An officer wouldn't do that. A man wouldn't do that. Only a thing would. You're a sneaky, booze-guzzling, yellow-bellied rat with a bottle for a brain."
(넌 장 일병을 죽인 다음 토끼처럼 도망쳤어. 장교는 그런 짓을 안 해. 인간은 그런 짓을 안 한단 말야. 그건 미물들이나 하는 짓이라구. 넌 두뇌 대신 술병을 머리에 달고 다니며 처마시는 비겁하고 야비한 쥐새끼란 말야.)

rabbit 겁이 많고 새끼를 엄청나게 많이 낳는 동물
private 일등병 또는 이등병
a thing 미천한 동물
sneaky 남의 눈치나 살금살금 살피는 치사한
yellow-bellied = yellow 겁쟁이
a bottle for a brain 두뇌가 있어야 할 자리에 대신 술병이

173

"I haven't seen you at our services before."
(이곳에서 전에 열린 추도식에서 한 번도 본 적이 없는데요.)

service(s) 봉사/이바지/고용(살이)/병역/흘레붙이기/예식/예배

174

"That's because I have been on the wagon."
(그동안 술을 끊었었기 때문이야.)

175

"Where the hell is the wake? I'm one of the pallbearers."
(밤샘은 도대체 어디서 해? 나도 운구를 맡은 사람이란 말야.)

wake 경야(經夜)/장례식에서 하는 밤샘
pallbearer(s) 관을 들어주는 사람

 포마 사전

176

"Show the gentleman into the chapel. Pew No. 3."

(예배당 안으로 안내해 드려. 세 번째 신도석이야.)

show 앞장서서 안내하다
chapel 예배당/예배를 보는 장소(church보다 작음)
pew 신도석(信徒席)/교회에서 한 가족이 나란히 앉는 긴 의자

177

"Well, if you gotta go, that's the way to do it."

(맞아, 이왕 죽을 바에는 이런 식으로 멋지게 가야지.)

gotta = got to = have to = must
go 죽는다

178
"What'll it be, sir?"
(선생님, 무엇을 드시겠습니까?)

179
"Sorry, sir, we only serve coffee."
(죄송합니다만, 선생님, 여기선 커피밖에 안 파는데요.)

serve 제공하다/내놓다/봉사하다

180
"Wait a minute. Haven't you got another pew not so close to the band? How about that one over there?"
(잠깐. 악단으로부터 좀 떨어진 다른 자리는 없나? 저기 저 자리는 어때?)

181

"Sorry, sir, but that's reserved for the members of the immediate family."
(미안합니다만, 손님, 거긴 직계 가족을 위해 남겨둔 자린데요.)

reserve(d) 예약하다/만일의 경우를 위해서 남겨두다/참다
immediate 직접 연결된/바로 옆에 붙은/직접적인/즉석에서/즉시

182

"I thought I was seeing things."
(헛것을 본 줄 알았어.)

183

"She's a prolific little thing, isn't she?"
(쬐그만 애가 편지는 엄청나게도 많이 쓰는구만, 안 그래.)

prolific 줄줄이 아이를 낳는/다산의/땅이 비옥한/다작(多作)의

184
"I was making that up."
(그건 내가 지어낸 얘기였어요.)

make up 화장을 하다/지어내다

185
"Alice Graham, you get in this house before I beat the living daylights out of you!"
(앨리스 그레이엄, 어서 집으로 들어오지 않았다가는 너 눈에서 불이 번쩍 나도록 두들겨 맞을 줄 알아.)

daylight(s) 밝은 대낮/주간(晝間)
living daylights (out of you) 눈앞이 캄캄해지도록/눈에 별이 보이도록

186

"I don't know yet, but I wouldn't bother about that if I were you."
(아직은 모르겠지만, 내가 자네라면 그런 일에는 신경 쓰지 않겠네.)

bother 귀찮게 굴다/공연히 신경을 쓰다/걱정하다

187

"No bother at all. However, if money is no object, what billing do I get?"
(신경은 전혀 쓰지 않아. 하지만 돈이 문제가 아니라면, 내 이름은 어디쯤 들어가지?)

object 목적/문제
billing 영화나 연극 등의 공연물을 선전하는 인쇄물(bill) 따위에서 출연자들의 이름을 올리는 순위

188

"You did a good job nursing Noel, and I got another baby for you."

(유모 노릇을 하며 노을 잘 키워줘서 고마웠는데, 다시 아기 하나를 맡겨야 되겠구만.)

did a good job 훌륭하게 해냈다
nurse 유모/보모/젖을 먹여 키우다/묘목을 키우다

189

"You are a queer bird to be in the water business."

(별 희한한 녀석이 다 물을 팔겠다는구만.)

queer bird 괴상한 놈
water business 물장수

190
"What do you think of when you are thirsty?"
(자넨 목이 마르면 무슨 생각이 나는가?)

thirsty 목마르다/술이 고프다

191
"Talking is a dry job."
(얘기를 주고받으려면 목이 마를 텐데.)

dry job 목이 마르는 일거리

192
"You are all wet. Miss Mitchell writes those speeches and nobody can make her write that kind of stuff."
(당신들 모두 한심한 인간들이군요. 연설문은 밋첼 양이 맡아서 쓰니까, 그런 종류의 글은 아무도 쓰라고 강요하면 안 돼요.)

that kind of 그따위
stuff 물건/그런 거/거시기

193

"You killed the wrong coon."
(형씨께서 엉뚱한 녀석을 죽이셨구만.)

wrong coon 엉뚱한 놈

194

"You have a wolf in your stomach."
(네 뱃속에는 거지가 들어앉았다.)

wolf 탐욕스럽다고 알려진 늑대

195

"I have great respect for you, Crockett, but I have none for that knife-fighting adventurer."
(난 당신을 퍽 존경하지만, 크로켓 선생, 칼싸움을 즐기는 그 모험가는 전혀 존경심이 들지 않아요.)

respect 존경심/존중하다
adventurer 모험을 즐기는 사람

꼬마 사전

196

"Let's clear our whistles."
(목구멍 청소부터 합시다.)

clear 치우다/뚫다
whistle(s) 목구멍

197

"You think there'd be a mouthful of corn juice left?"
(혹시 옥수수 위스키 쬐끔 남지 않았을까?)

mouthful 한 입 가득한 분량/한 모금

198

"A week has passed and Jack was still in the hospital drying out. I was happy he was gone and I prayed he wouldn't come back."
(한 주일이 지났지만 의붓아버지는 아직도 병원에서 술 끊는 치료를 받는 중이다. 잭이 없어져서 기분이 좋아진 나는 그가 아예 돌아오지 않게 되기를 기도했다.)

dry(ing) out 술 끊기
pray(ed) 기도하다/간절히 바라다

199

"How long have you been off, Shannon?" (그만둔 지 얼마나 됐어, 새논?)
"Off what?" (뭘 그만둬?)
"The wagon." (술 말야.)

off the wagon 다시 술을 마시기 시작하다(반대로 on the wagon은 '술을 끊다')

200

"What a time to fall off the wagon."
(하필이면 이럴 때 다시 술을 처먹다니.)

201

"You know, I used to think that the world would look better with a glass of whisky. It doesn't."
(뭐랄까, 위스키 한 잔을 들면 세상이 훨씬 더 좋아 보이리라고 난 늘 생각했었어. 알고 보니 그렇지 않더구만.)

202
"Here's to the boys in the friendly trenches!"
(우리 편 전우들을 위하여 축배를!)

friendly 아군의
trenches 교통호(交通壕)/참호

203
"I'll find a glass for you, Miss Thompson." (톰슨 양, 제가 잔을 찾아다 드릴께요.)
"What for? Down the hatch!" (잔은 뭐하려고? 그냥 나팔 불자구요!)

hatch 잠수함 따위의 뚜껑문/승강구/부화하다/산란하다

204

"You are not a little stiff, are you?" (몸이 좀 뻣뻣해지지는 않았나요?)
"Stiff! I haven't had a drink since I left the boat!" (취하다니! 난 배에서 내린 이후 술이라곤 입에 대지도 않았어!)

stiff 술에 취해서 몸이 둔해진/뻣뻣한/술이 독한
boat 배(강이나 호수에서 뱃놀이를 하는 '보트' 말고도 여기에서처럼 여객선이나 유람선 같은 대형 선박도 boat라고 함)

205

"I hope you don't think I could get that stiff in five minutes."
(제가 5분 만에 그렇게까지 만취했으리라고 함장님이 오해하지는 말아주셨으면 좋겠습니다.)

206 "What I need is a couple of stiff drinks."
(나 독한 걸로 두어 잔 마셔야 되겠어.)

207 "We serve hard drinks here. You get drunk fast."
(여기선 진짜 술만 팔아. 빨리 취하라고 말야.)

hard 본격적인/확실한/견고한/독한/불쾌한/자극적인/구두쇠처럼 째째한

208

"I drink only after the bargain's being concluded, never before."

(나는 거래가 이루어지기 전에는 절대로 술을 마시지 않습니다.)

conclude(d) 마치다/끝내다/결론을 짓다(연재소설이나 연속극에서 "다음 주일(회)에 계속됨"이라고 할 때는 to be continued 라고 하지만, 연속되던 작품이 다음 회에 끝나는 경우에는 꼭 to be concluded라고 해야 함)

209

"I was drunk for 12 years, I've been sober for the last 14, and all I know is that the drunk world is one world and the sober world is another world."

(난 12년 동안 술에 절어서 살았고, 14년 동안은 술을 입에 대지 않았는데, 내가 깨달은 바는, 술에 취해서 본 세상과 말짱한 정신으로 본 세상은 정말로 딴판이라는 사실입니다.)

sober 술에서 깨어난/술에 취하지 않은/정신이 맑은/말똥말똥한

210

"I can't face the idea that I'm never having another drink."
(다시는 술을 한 잔도 못 마신다는 현실은 전혀 받아들이지 못하겠어요.)

face 직시하다/견디어내다/ 대면하다

211

"The world looks so dirty when I am not drinking."
(술을 안 마실 때는 세상이 너무나 더러워 보여요.)

212

"I don't drink. I'm quite content with reality. I have no need for escape."
(나 술 안 마셔요. 현실에 퍽 만족하니까요. 난 도피할 필요를 안 느껴요.)

content 만족하는/감수하는/흐뭇한/내용물(신문이나 방송에서 정보산업 계통을 다루는 기사에서 내용물을 흔히 content라고 하는데, 단수로 하면 추상적인 개념이어서, 구체적인 상품이나 제품 또는 생산물을 의미할 때는 꼭 복수형으로 contents라고 해야 함)

213

"Let's drink to that." (그런 의미에서 한 잔 해요.)
"We'll drink to that in London." (런던에 도착하면 그런 의미에서 한 잔 하자.)

214

"Aren't you gonna pop the champagne or dance in the street or at least kiss the bride?"
(샴페인을 한 병 따거나 길바닥에서 춤을 추거나 적어도 신부에게 키스 정도는 해 주셔야 되는 거 아녜요?)

pop 강냉이(popcorn)를 튀기거나 샴페인 또는 소다수 병 따위의 뚜껑을 딸 때 나는 '퐁!' 소리를 흉내낸 의성어
pop the champagne 샴페인 뚜껑을 '뽕' 따다/축배를 들다
bride 신부(길거리에 흔한 wedding shop은 영어가 아니며, 결혼식 물품을 취급하는 상점은 bridal shop이라고 해야 하고, wedding dress도 bridal gown이 보다 정확한 말임. 또한 결혼 예식은 wedding이지만, 남녀가 짝을 짓는다는 개념과 결혼생활은 marriage여서, 완전히 다름)

215

"I had too much to drink." (내가 술이 좀 과했나봐.)
"I think you had one too many." (술이 좀 과했던 모양이군요.)

216
"You boys had enough."
(자네들 그만하면 됐으니까 그만 두시지.)

had enough 술마시기나 싸움이나 어떤 행위가 도를 지나치려고 하다

217
"Well, what happened last night, besides you were drinking like a peasant?"
(촌놈처럼 술만 잔뜩 퍼마시는 것 말고 어젯밤에 도대체 어떻게 시간을 보냈어요?)

peasant 단순한 농부(farmer)가 아니라, 직업에 관계없이 가난하고 천박한 사람을 전반적으로 가리키는 말로 자주 쓰임

218

"Roger was a little bit tipsy when he arrived here by a cab for dinner."
(택시를 타고 저녁을 먹으러 왔을 때 보니까 로저는 약간 해롱해롱하는 상태였어요.)

tipsy 건물 따위가 기울어진/몸의 균형을 잃을 정도로 술에 취한/비틀거리는

219

"Man takes a drop too much once in a while. It's only human nature."
(남자라면 가끔 한 번씩 술을 약간 지나치게 마시는 경우도 생겨요. 그건 인간의 천성입니다.)

a drop 액체성 방울/약간의 술
human 인간의/사람다운(천성이나 성품이 '인간적'이라고 할 때는 humane)

220

"What was she like?" (어떤 여자였어요?)
"She who?" (어떤 여자라니?)
"The lady who drove you to this." (당신을 이 꼴로 만들어 놓은 여자요.)
"Drove me to what?" (날 무슨 꼴로 만들어 놓았는데?)
"To drink." (술 퍼마시는 꼴요.)

drove (you) to ~를 …한 상태가 되도록 몰고 가다

221

"Captain Mello is the best man for an arrow wound in the whole Oregon Territory — when he is sober."
(술만 마시지 않는다면 오레곤 주에서 멜로 선장만큼 화살 상처를 치료하는 솜씨가 뛰어난 사람이 없습니다.)

arrow 화살(화살촉은 arrowhead, 활은 bow)
Territory 나중에 주(州, '나라')를 뜻하는 단어 State로 바뀜

222

"When you are sober, it is a bright and beautiful day."
(술만 안 마시면 하루가 밝고 아름답습니다.)

bright 환한/눈부신/똑똑한/총명한

223

"Are you drunk?" (교수님 술 드셨어요?)
"Of course I'm drunk. You don't really expect me to teach this one when I am sober. What do you want to be stuck in this classroom for anyway?" (물론 마셨지. 내가 맨 정신으로 이런 강의 하리라고 너희들이 기대했단 말이냐? 도대체 이런 날씨에 너희들은 교실에 틀어박혀 어쩌겠다는 거야?)

what (…) for 무엇을 하겠다고/뭘 빨아먹을 게 있다고

224

"Unbelievable. Married whole year and still sober."

(믿어지지가 않아. 결혼을 하고 1년이 다 갔는데도 아직 술을 입에 대지 않다니.)

225

"I have been drinking for three days on account of you. I'm just beginning to sober up. And on top of that, I spent two days and two nights writing your eulogy. And you're telling me that you are not even dying."

(난 자네가 곧 죽는다고 해서 사흘 동안 술을 마셨어. 이제 겨우 술이 깨려고 해. 그뿐 아니라 나는 자네를 위해 멋진 조사[弔詞]를 준비하느라고 이틀 밤 이틀 낮을 꼬박 보냈어. 그런데 자넨 안 죽는다는 소리가 입에서 나와?)

on account of ~을 위해서/~으로 인해서/~ 때문에
sober up 취했던 술에서 깨어나다
on top of that 그것도 모자라서/그뿐 아니라
eulogy 찬미/찬사/송덕문(頌德文)

226 "Who wants to be sober?"
(누가 정신을 차리고 싶대?)

227 "I said, fix me a drink!"
(술 한 잔 만들어 달라니까!)

fix 고치다/섞어서 만들다/고정시키다/부착하다

228 "So what's your poison? What do you drink?"
(네가 원하는 독주가 뭐냐구. 뭘 마시겠어?)

poison 아주 독한 술(Vodka나 '쐬주' 종류)

229
"Name your poison."
(술은 어떤 놈으로 드릴까요.)

230
"What's your pleasure?"
(무엇을 즐겨 마시나요?)

(your) pleasure 쾌락/위안/기쁨/(소유격을 수반하면) 즐겁게 기대하는 '희망'이나 '의향'

231
"The radio is dead and we're gonna be dead too."
(무전기가 불통이니 우린 죽은 목숨이야.)

232

"When two bodies meet in space, they attract each other."
(우주에서 두 천체가 만나면 인력이 작용해요.)
(두 몸이 만나면 서로 끌리게 마련이죠.)

body 몸/천체/시체
space 공간/우주
attract 끌어당기다/마음이나 관심을 끌다

233

"We must find the papers hidden in the safe in Mrs. Vail's bedroom." (우린 베일 부인의 방 금고 속에 숨겨놓은 서류를 찾아야 합니다.)
"Morning or evening papers?" (조간 신문 말인가요 아니면 석간인가요?)

paper 서류/신문/증서

234

"Oh, no. You've been telling me that every night for the past week. This time I'm going with you to make sure it's only the pipe that smokes."
(그런 말씀 그만하시지. 지난 한주일 내내 자넨 매일 밤 똑같은 소리를 했어. 오늘밤에는 담뱃대에서만 연기가 나는지 직접 확인하기 위해 이 몸도 자네를 따라 나서야 되겠다구.)

for the past week 지난 한 주일 내내
pipe 담뱃대
smoke(s) 연기가 나다/수상한 낌새가 보인다

235

"What do you make out of this?"
(이것을 어떻게 이해하면 되겠나?)

> 236
"What kind of a plane is it?" (어떤 종류의 비행기인가요?)
"Oh, it's a big pretty white plane with red stripes." (아, 그건 커다랗고 멋지고 하얀 비행기인데 빨간 줄무늬가 들어갔죠.)

stripe(s) 줄무늬/호랑이/수장(袖章, 계급을 나타내기 위해 군복에서 소매에 붙이는 띠)/죄수복

> 237
"Hey, kid, I'll race you to the car."
(야, 꼬마야, 우리 자동차까지 누가 먼저 가는지 경주하자.)

238

"We say 'Roger' quite a bit around here. Makes us feel like heroes."
(여기서 우린 '로저'라는 말을 꽤 자주 해요. 영웅이라도 된 기분을 느끼게 해주기 때문이죠.)

Roger 무전 교신을 할 때 "Received and Understood"(수신했고 이해했음)이라는 말의 머릿글짜 R을 다시 풀어쓴 형태
quite a bit 상당히 많이

239

"You can let yourself out the back door."
(뒷문으로 나가면 돼요.)

240

"It's crazy, a stud like you paying that dame."
(같이 놀아주고도 자네가 여자한테 돈을 주다니 참 한심하구만.)

stud 여자와 놀아주는 사내/남창(男娼)
dame 계집/아가씨

241

"All right, you're a hustler. But you've got to get yourself some kind of management. You know what you need? You need my friend O'Daniel. He operates the biggest stable in town."
(좋아, 넌 몸을 팔려고 그러지. 하지만 너도 뭔가 경영 체제를 갖춰야 해. 너한테 부족한 게 뭔지 알아? 넌 내 친구 오대니얼이 필요해. 그 친구 뉴욕에서 제일 큰 업체를 움직이는 인물이라구.)

hustler 사기꾼/남창
management 관리 체제/기업체/경영 기구/업체
operate(s) 활동하다/운영하다/움직이다/경영하다
stable 마굿간

242

"We are not talking of being in love, but making love."

(우린 연애하기가 아니라 그거하기를 얘기했단 말예요.)

be in love 사랑을 하다
make love 그거를 하다

243

"What brought you here, Mr. Carter?" (카터 씨는 어떻게 이곳으로 왔나요?)

"Railroad." (기차를 타고 왔습니다.)

"I mean, what's your job?" (아뇨. 당신 하는 일이 뭐냐구요.)

244

"What the hell's the matter with you? What's wrong with you?" (귀관 왜 이러나? 어디 잘못되기라도 했어?)

"I don't know. I must have lost my punch. I never expected that son of a bitch to get up." (모르겠습니다. 내 실력도 한 물 간 모양예요. 그 자식 다시 일어나 덤비리라고는 상상도 못했는데요.)

punch 주먹질/주먹의 힘
expect(ed) 기대하다/예상하다

245

"I enjoy the way I look, but it's a joke."
(나는 내 모습이 마음에 들지만, 그건 농담으로 한 소리예요.)
(나는 내 모습이 마음에 들지만, 사실은 웃기게 생겼죠.)

246

"I'm on a seafood diet — I see food, I eat it."
(나는 해물 요리를 좋아해서 - 눈에 보이기만 하면 모조리 다 먹어치워요.)

seafood 해물 요리
diet 식품/식이요법/(대문자로 쓰면) 국회

247

"I sure wish I can sit down and paint the sheeps and the pictures I see."
(내 눈에 보이는 양떼와 그림들을 내가 그릴 수 있다면 정말 좋을텐데요.)

sheep 양(fish나 마찬가지로 단수와 복수 같음)

248

"What's the matter? The pieces won't fit together?" (왜 그래요? 그림 조각들이 잘 안 맞나요?)

"Some of them. And they make a wrong picture." (몇 가지가 그래. 그래서 엉뚱한 그림이 되었어.)

"Pieces never make a wrong picture. Maybe you're looking at it from a wrong angle." (조각들을 제대로 다 맞췄다면 잘못된 그림이 나올 리가 없어요. 어쩌면 당신이 보는 시각이 틀렸는지도 몰라요.)

fit together 이가 맞물리듯 서로 맞아 들어가다
(wrong) picture (잘못된) 그림/윤곽/판도(版圖)
angle 각도

249

"I usually sing in medley the old favorites of mine when I'm in the shower. Any requests?" (난 샤워를 하는 동안 좋아하는 옛노래를 잡탕곡으로 부르고는 한답니다. 혹시 신청곡이라도?)

"Shut the door." (문이나 닫아요.)

"Oh, I'm afraid I don't know that one, Miss." (이를 어쩌나, 아가씨, 나 그 노래는 모르겠는데요.)

medley 접속곡/여러 노래에서 뽑은 대목들을 이어 부르기(우리나라 사람이 얘기하듯 옛노래를 다시 부르는 행위는 medley가 아님)

favorite 각별히 좋아하는 것/애창곡

request(s) 신청곡

250
"Well, I got a seat but I got no place to put it."
(어쩌나, 엉덩이는 달고 왔지만, 놓아둘 자리가 없군요.)

seat 의자/앉을 자리/바지의 엉덩이 부분

251
"Pardon me, sir, but I heard that one before."
(죄송합니다만, 손님, 그건 낡은 농담인데요.)

pardon 용서하다/사면

252

"You might get run over — or run in."
(이러다 당신은 차에 치거나 경찰에 잡혀갑니다.)

253

"Governor, these people are dummies." (주지사님, 이 사람들 가짜로 만든 거예요.)
"I know that. How do you think I got elected?" (그건 나도 알아. 내가 왜 당선이 되었겠나?)

governor 총독/주지사
dummy 사람의 형상을 본따서 가짜로 만든 인형 따위/신문의 편집 대장/바보/멍청이
elect(ed) 선출하다/뽑다/당선시키다